WORTBALSAM

WORTE, DIE DIE SEELE STREICHELN

MIRJAM SAEGER

© 2025 Mirjam Saeger
Website: https://mirjam-saeger.de

Verlagslabel: Expertition

Verlag: Expertition
Druck und Distribution im Auftrag des Verlags: tredition GmbH,
Heinz-Beusen-Stieg 5, 22926 Ahrensburg, Deutschland

Kontaktadresse nach EU-Produktsicherheitsverordnung:
info@expertition.de
Coverbild: Sonja Saeger, Lennart Ganninger
Zeichnungen: Sonja Saeger

Dieses Buch dient der Inspiration und persönlichen Reflexion. Es
ersetzt keine medizinische, psychologische oder therapeutische
Beratung, Diagnose oder Behandlung. Die Inhalte sind nicht als
Heilversprechen zu verstehen, sondern als Impulse zur Selbstreflexion
und persönlichen Entwicklung.

Solltest du gesundheitliche oder psychische Beschwerden haben,
wende dich bitte an eine qualifizierte medizinische oder psychologische
Fachkraft. Die in diesem Buch geteilten Erfahrungen und Gedanken
basieren auf persönlichen Einsichten und ersetzen keine professionelle
Beratung.

Der Verlag und die Autorin übernehmen keine Haftung für eventuelle
Folgen, die aus der Umsetzung der im Buch beschriebenen Inhalte
resultieren. Jeder Leser ist für seine eigenen Entscheidungen und
deren Auswirkungen selbst verantwortlich.

Für alle, die ihre Worte in die Welt tragen.

INHALT

WORTE

Sie kommen, sie gehen, sie bleiben. Sie heilen. Auf einer tiefen Ebene – der Ebene deiner Seele. In diesem Buch geht es um Worte, Worte, die deine Seele streicheln möchten, die Balsam sind für dich.

Es geht um Worte, die die Zeit überdauern. Worte, die alles überdauern, was im Moment ist. Die Gegenwart wird durch Worte lebendig. Genauso wie die Vergangenheit erlebbar wird. Und auch die Zukunft wird durch Worte greifbar, nahbar, sagbar.

Wie häufig haben wir Worte, die unsäglich sind. Menschen, die unsägliche Worte zu uns sprechen. Menschen, die Worte nicht zum Heilen, sondern zum Töten nutzen. Töten von Ideen, Inspirationen, Gedanken, Wünschen.

Heilende Worte kann jeder sprechen. Dafür benötigst du keine großartige Ausbildung oder Anleitung. Das, was kommt, ist richtig. Das, was du sagen möchtest, ist wahr. Das, was du aussprichst, ist von dir.

Am Anfang war das Wort. Doch das stimmt nicht ganz, denn diesem Wort geht ein Gedanke voraus. Ohne Gedanken, keine Worte. Doch woher kommen die Gedanken? Wer pflanzt sie in unseren Kopf hinein, sodass sie zu Worten und Taten werden können?

Ich mag das Bild eines Gedankenflusses. Er fließt ruhig und beschaulich durch die Natur, mäandert langsam vor sich hin, bildet tiefe Täler und reißende Wasserfälle. Der Gedankenfluss kann uns tragen, mitreißen, aber auch in Bedrängnis bringen, wenn wir uns von seinen Strudeln unter Wasser ziehen lassen. Der Gedankenfluss ist mächtig. Manchmal ist sein Wasser tief, manchmal seicht. Oftmals hat er schöne Ufer, an denen es sich lohnt, einzuhalten, aus dem Fluss auszusteigen und zu genießen. Doch oftmals säumen Klippen sein Ufer, und es ist nicht möglich, hinauszukommen.

Die Gedanken, die der Fluss mitführt, sind für dich. Du wählst aus, welche Gedanken du entnimmst, welche du in deinem Kopf zulässt, welche sich manifestieren dürfen und welche du wieder ziehen lässt.

Manche dieser Gedanken haben unglaubliche Macht. Sie werden zu Worten und Taten, führen dazu, dass du dich und andere bewegst. Andere wiederum trägst du Jahre in dir, ohne dass etwas passiert. Sie sind zwar da, doch du schenkst ihnen keine Beachtung, lässt sie nicht reifen, bringst sie nicht an die Oberfläche. Manche Gedanken liegen wie Steine in deinem Kopf. Scheinbar unverrückbar, schwer und mächtig. Andere Gedanken, die leicht und sprudelig sind, brechen sich an ihnen, zerschellen und entfalten niemals ihre Wirkung. Schwere Gedanken zu bewegen ist schwierig. Stück für Stück darfst du sie mit leichten Gedanken umspülen, bis sie sich irgendwann auflösen, ihren Weg nach draußen finden oder gar mit einem Knaller zerschellen.

Heilende Worte unterstützen dich dabei, auch diese Gedankensteine aufzulösen. Stück für Stück, Krümel für Krümel. Manchmal langsam, manchmal schnell.

Am Anfang war das Wort. Entsprungen aus einem Gedanken. Entsprungen aus einem Fluss.

Du bist das Mühlrad und schöpfst die Gedanken aus dem Fluss heraus, die du gerade brauchst. Manchmal bleiben Gedanken am Mühlrad hängen, die nicht so schön sind, doch auch sie wollen gedacht und beachtet werden. Ignorierst du sie, verstopfen sie irgendwann dein Mühlrad, den Fluss deiner Gedanken. Alles stockt, nichts fließt mehr. Gib diesen Gedanken Raum. Lass sie fließen und ziehen. Halte sie nicht fest, dafür sind sie nicht gemacht.

Alles an dir fließt. Dein Blut, deine Lebenskraft fließen. Dein Atem fließt. Deine Worte fließen aus dir heraus. Alles, was du zurückhältst stockt, staut, führt zu Unwohlsein und Gedanken-Verstopfung.

Doch heilende Worte können helfen.

Es ist deine Aufgabe, diese Worte zu finden und zu benutzen. Jeden Tag, jede Stunde und jede Minute deines Lebens. Für dich und für andere.

Nutze die Magie deiner Worte.

DU DARFST

Ist es nicht schön, etwas zu dürfen? Wie wundervoll, wenn jemand zu dir sagt: „Du darfst"! Noch wundervoller ist es, wenn du dir selbst die Erlaubnis gibst, zu dürfen.

Du darfst dich um dich selbst kümmern. Du darfst dir Zeit für dich nehmen. Du darfst deinen Träumen folgen. Du darfst NEIN sagen und du darfst JA sagen.

Viel zu häufig hören wir allerdings: „Das darfst du nicht. Dafür bist du zu groß, zu klein, zu dick, zu dünn, zu dumm, zu gebildet, zu erwachsen, zu jung." Schon früh in unserer Kindheit lernen wir, dass wir längst nicht alles dürfen, was wir wollen. Wir dürfen nicht auf den Baum klettern, weil sonst unsere Sachen schmutzig werden oder wir uns verletzen könnten.

Wir dürfen nicht mit dem Nachbarskind spielen, weil die Eltern anders sind als unsere Eltern. Wir dürfen im Kindergarten nicht mit den Fingern essen und in der Schule nicht aufs Klo, weil noch keine Pause ist. Später dürfen wir nicht so lange in die Disco, wie wir wollen, dürfen nicht bei Freunden übernachten, weil keine Aufsichtsperson da ist. Und weiter geht es im Berufsleben. Wir dürfen nicht früher Feierabend machen, weil noch ein Projekt ansteht, und dürfen nicht dann in den Urlaub, wann wir es brauchen, weil die Kollegen schon früher eingereicht haben.

Ja, sicher, manches „Nicht-dürfen" ist sinnvoll und richtig. Wir leben in einer Gesellschaft, in der wir alle aufeinander achten dürfen, bewusst schreibe ich nicht müssen. Denn genau das macht „dürfen" aus. Wir dürfen entdecken, was wir wollen. Was uns guttut.

Hast du einmal überlegt, wo du dir das „dürfen" versagst? Wo erlaubst du dir nicht, das zweite Stück Kuchen zu essen? Wo erlaubst du dir nicht, die Nacht durchzutanzen? Wann beschränkst du dich selbst, ohne dass andere es von dir erwarten?

Erlaube dir doch wieder einmal selbst, etwas zu dürfen.

Schlaf aus. Tanze die Nacht durch. Iss den Kuchen. Kauf die Schuhe. Erlaube dir, gut zu dir zu sein. Erlaube dir, zu dürfen.

Sage dir: „Ich darf!"

Denn das Schöne daran ist, dass du alleine entscheidest, was du dir selbst erlaubst und was nicht. Beobachte dich selbst einmal. Wo erlaubst du dir Dinge nicht, obwohl du sie darfst? Obwohl keine Lehrerin, kein Vater, kein strenger Opa oder eine Polizistin hinter dir stehen und mit hochgezogener Augenbraue deine Taten verfolgen.

Du darfst. Sage dir dieses wunderbare Wort immer wieder.

Ich darf. Ich darf mich um mich kümmern. Ich darf mir Zeit für mich nehmen. Ich darf meinen Bedürfnissen Raum geben. Ich darf sein, so, wie ich bin.

DU KANNST

„Du kannst das! Du schaffst es! Trau dich!" Wann hast du diese Worte das letzte Mal gehört? Wann hat jemand ausreichend Vertrauen in dich und deine Fähigkeiten gehabt und dir diese Worte gesagt? Heute? Gestern? Vorgestern? Oder letztes Jahr? Oder damals, als du laufen gelernt hast?

Wir alle kommen mit purem Selbstvertrauen auf die Welt, schreien heraus, wenn und etwas nicht passt, wissen, dass wir trinken, schlucken und verdauen könnten. Wir schlafen als Baby wie ein Baby. Wir trauen uns, zu krabbeln, erklettern die höchsten Stühle in der Wohnung und stehen irgendwann freudestrahlend das erste Mal auf unseren eigenen Beinen. Tapsig erobern wir die Welt, denn wir KÖNNEN das! Niemand erzählt uns, dass wir nicht laufen können, nicht sprechen können oder nicht lernen können, mit unserem Sein andere Menschen zu berühren. Wir sind einfach. Und wir sind gut so, wie wir sind.

Wenn du das Glück hattest, Eltern zu haben, die dich lieben und schätzen (übrigens, wann und warum hören manche Eltern eigentlich auf, ihre Kinder zu schätzen, die sie auf die Welt gebracht haben? Die sie – zumindest in einem Großteil der Fälle – unbedingt „haben" wollten? Nur, weil sie eines Tages nicht mehr niedlich sind? Es ist mir ein Rätsel), dann gab es für dich kein „Du kannst das nicht". Es gab kein: „Lern lieber nicht laufen, bleib lieber liegen. Du kannst noch nicht laufen, lass das lieber." Stattdessen gab es Ermutigung und Ermunterung. Es gab Fortschritte, Freude, Erfolge und auch Misserfolge, doch immer getragen von dem Wissen, dass du kannst.

Leider verschwindet dieses Wissen eines Tages. Wir trauen uns immer weniger zu. Wir wissen, dass wir den Marathon nicht schaffen können. Wir wissen, dass wir das schwere Studium nicht schaffen werden, weil ein entfernter Bekannter, der viel schlauer ist als wir, es auch nicht geschafft hat. Wir wissen, dass wir den Job nicht bekommen, weil wir nicht die erforderlichen beruflichen Qualifikationen haben. Wir wissen, dass wir unseren Traumpartner oder unsere Traumpartnerin nicht ansprechen brauchen, weil sie oder er uns ohnehin auslachen werden. Wir wissen, dass wir uns den Traum vom Haus am Meer nicht erfüllen können, weil uns das nötige Kleingeld fehlt. Wir wissen, dass wir nicht mehr um die Welt reisen werden, weil wir dafür schon zu alt sind.

So wissen wir uns in einen Alltag hinein, der kaum Raum bietet zur Veränderung. Denn schließlich wissen wir schon, dass das, was wir wirklich wollen, nicht möglich ist.

Doch stelle dir einmal vor, du hättest jemanden an deiner Seite, der dir täglich zu verstehen gibt, dass du schaffen kannst, was du dir vornimmst. Dass du ALLES schaffen kannst. Wer redet dir denn ständig ein, dass du etwas nicht kannst? Sei ehrlich zu dir selbst. Das bist nur du! Doch bitte mach dich nicht selbst fertig, denn selbstverständlich bist es nicht du, so wie du auf die Welt gekommen bist, sondern das DU, das die Gesellschaft, dein Umfeld und deine Erziehung sowie deine Erfahrungen aus dir gemacht haben. Das DU, zu dem du geworden bist. Das DU, das lebt.

Denn, und das möchte ich an dieser Stelle auch ganz deutlich sagen, natürlich gibt es Grenzen auf unserer Welt. Wir können nicht von einer Klippe springen und fliegen. Wir können nicht den Giftpilz essen und erwarten, dass wir fröhlich pfeifend noch einen Nachschlag verlangen und wir können nicht mit unserem Auto in den Gegenverkehr fahren und erwarten, dass nichts passiert.

Doch wir können so viel mehr, als wir uns zugestehen. Du kannst so viel mehr, als du dir gerade erlaubst. Wie wäre es also, wenn du dir einfach ab morgen einmal sagst: Ich kann!

Ich kann meiner Chefin die Meinung sagen. Ich kann morgens joggen gehen, anstatt im Bett liegenzubleiben. Ich kann mir Zeit für mich und meine Bedürfnisse nehmen (und ja, ich nenne mich selbst zuerst, ohne sofort I-Aaaa zu blöken). Ich kann Zeit mit meiner Familie verbringen, weil sie mir wichtig ist. Ich kann. Punkt.

Und dann schaust du einfach einmal, wer (vielleicht bist es auch „nur" du selbst), dir das Können verbieten will und prüfst, ob du es nicht doch kannst.

Du kannst. Ich kann. Wir können unser glücklichstes Leben leben. Das erreichen, was wir uns im tiefsten Herzen wünschen. Ein heilsames Wort für andere sprechen. Sage dir heute selbst: Ich kann. Und bitte sage auch anderen: Du kannst.

Ob du WILLST oder nicht, du KANNST.

Doch das steht auf einem gänzlich anderen Blatt. Du kannst. Ende der Geschichte.

DU BIST

Was ist der erste Satz oder Gedanke, der dir bei diesen beiden Worten in den Sinn schießt? Sei ganz ehrlich. War es ein eher positiver oder ein eher negativer Satz? Hattest du eher so etwas im Kopf wie:

Du bist ja ganz schön eingebildet.

Du bist aber hochnäsig.

Du bist auch nichts Besonderes!

Du bist zu (klein, groß, dick, dünn, dumm, schlau) dafür …

Du bist mir zu (laut, leise, zu viel, nervig, angespannt) …

Vermutlich hast du mindestens einen der oben genannten Sätze auch schon einmal, vermutlich eher mehrfach gehört. Mit der Aussage „Du bist" können wir rasant Menschen in eine Schublade stecken, wir bewerten, drücken jemandem einen Stempel auf. Ganz einfach. Nur zwei kleine Worte, die jemanden in der Tiefe seines Seins verletzen können. Denn „du bist" ist direkt, ohne Umschweife. Es gibt keinen Interpretationsspielraum, kein Vertun. Keine Ausreden mehr. „Ich bin" ist eine der mächtigsten Aussagen für dein Manifestieren. Und genauso ist „Du bist" ebenfalls eine Schwingung, auf die das Universum reagiert. Warum also nutzen wir ein so machtvolles Werkzeug gegen jemand anderen? Wie können wir uns erdreisten, jemanden in eine Schublade zu stecken? Wie können wir mit gutem Gewissen eine solche Bewertung vornehmen, etwas sagen, dessen Schwingung wir in die Welt aussenden und die dort eine Wirkung hat?

Während ich diese Worte schreibe, überlege ich, wie oft ich diese Bewertung schon vorgenommen habe. „Du bist heute aber schlecht gelaunt. Mann, bist du aggressiv. Du bist zu langsam. Du bist zu blass für dieses Kleid. Du bist zu aufgetakelt für diese Party. Du bist kein guter Freund."

Autsch. Worte können verletzen. Und das tun sie, wenn sie unbedacht verwendet werden.

Doch es geht hier um heilsame Worte. Genauso kannst du dein „Sein", das „Ich bin", das „Du bist" auch benutzen.

Du bist wundervoll.

Du bist großartig.

Du bist die Liebe meines Lebens.

Du bist stark.

Du bist einzigartig.

Du bist ein Vorbild.

Die Liste ist endlos. Und nun lasse bitte einmal folgende Formulierungen auf dich wirken:

Ich bin wundervoll.

Ich bin großartig.

Ich bin die Liebe meines Lebens.

Ich bin stark.

Ich bin einzigartig.

Ich bin ein Vorbild.

Ja, du darfst sein. All das, was du möchtest. Sende die Worte aus, die du gerne über dich hören möchtest. Sende das „Ich bin" aus, das du sein möchtest. Und sende es an andere. Denn mit jedem positiven „Du bist", das du aussendest, kommt ein Stück der Energie zu dir zurück. Mit jeder Kraft, die du jemandem anderen gibst, gewinnst du ein bisschen Kraft dazu. Mit jedem Lächeln, das du durch Worte in jemandem entfachst, machst du die Welt ein kleines bisschen besser.

Denn du bist großartig. Du bist wundervoll. Du bist DU.

Du brauchst dich nicht zu vergleichen, denn niemand ist so wie du. Deshalb kannst du auch gar nicht zu … irgendetwas sein. Denn im Vergleich mit dir, und das ist der einzige Vergleich, der zählt, bist du einzigartig und großartig und wundervoll. So, wie du bist. Jetzt. Genau in diesem Moment. Besser geht es gerade nicht. So, wie du bist, bist du DU. Du bist. Ich bin. Und gemeinsam machen wir durch unser Sein, so, wie wir sind, die Welt zu einem anderen Ort. Gemeinsam wirken wir. Wir sind.

Danke dafür.

DU HEILST

Du heilst. Mit jedem Atemzug. Ich weiß, dass ich mich hier etwas weiter aus dem Fenster lehne und bitte – dieses Buch ist kein Ersatz für eine ärztliche Behandlung oder eine Therapie. Wenn du krank bist, dann suche dir professionelle Unterstützung und Betreuung. Dieses Buch kann und wird keine Knochenbrüche oder schweren Krankheiten heilen. Doch was es tun kann, ist dir bewusst zu machen, dass du die größte Heilkraft deines Lebens in dir trägst. Dich selbst.

Deine Gedanken, deine Worte, deine Taten, all dein Sein heilen. Dich und andere. Vermutlich hast du schon häufig gehört, dass deine Gedanken deine Worte erschaffen, deine Worte Taten und deine Taten dein Sein. Mit jeder Routine, die du in deinem Leben etablierst, veränderst du dich. Du entscheidest, in welche Richtung.

Denkst du heute darüber nach, jeden Tag dreißig Liegestütze zu machen, wird dieser Gedanke dich irgendwann beeinflussen. Entweder dahingehend, dass du anfängst, Liegestütze zu machen oder dahingehend, dass du dich täglich darüber ärgerst, wieder keine geschafft zu haben. (Die dritte Alternative ist, dass du die Entscheidung vor dir herschiebst. Sicher kennst du das wunderbare Wort „Wenn". Denn wenn es nicht zu kalt, zu warm, zu früh, zu spät, zu dunkel, zu hell, zu anstrengend zu irgendetwas wäre, dann wärst du schon längst Profi-LiegestützenmacherIn. Entscheidungen aufzuschieben ist manchmal notwendig. Doch häufig auch nicht. Alles, was du direkt entscheiden kannst, solltest du auch tun. Thema erledigt).

Doch zurück zu den Routinen. Entscheidest du dich für Routinen, die förderlich für dich sind, wie gesunde und vollwertige Ernährung, regelmäßige, sportliche Aktivitäten, Ruhezeiten für deinen Geist und Körper und generell alles, was deiner Selbstfürsorge guttut, dann heilst du dich damit selbst. Denn wenn du dir selbst zeigst, dass du dich und deine Bedürfnisse ernst nimmst und dich täglich dafür entscheidest, dich so zu verhalten, wie du es gerne möchtest, wie es gut für dich ist, dann bist du nett zu dir selbst. Du zeigst dir täglich wertschätzende Gesten, gibst dir selbst zu verstehen, dass du es wert bist, die Versprechen, dir du dir selbst gegeben hast, einzuhalten.

Dafür benötigst du niemanden sonst. Du entscheidest, was du dir „antust". Ich selbst war viele Jahre Meisterin darin, andere wichtiger zu nehmen als mich selbst. Zuerst waren es die Anforderung seitens meiner Herkunftsfamilie (Sei schön nett, sei schön lieb, sei schön diplomatisch, spiel doch jetzt bitte noch das Weihnachtslied auf der Flöte für die Oma), später die Schule, Ausbildung und mein Job. Dazu kamen irgendwann meine Kinder, mein Haus, meine Ehe, mein Umfeld. Der Glaubenssatz „Sei immer diplomatisch" hatte sich tief in mein Gehirn eingebrannt, sodass ich viele Jahre versucht habe, irgendwie allem und jedem gerecht zu werden. Und – bitte verstehe mich nicht falsch – viele Jahre lang war das okay für mich. Ich fühlte mich nicht unwohl, ich wurde gebraucht, gemocht, gefordert.

Doch irgendwann, meine Tochter war gerade ein Jahr alt geworden, knallte es. Eine Panikattacke (damals wusste ich noch nicht, dass es eine war) sorgte dafür, dass ich an einem stinknormalen Sonntagabend, den Salat meines Lieblingsitalieners in der Hand, heulend im Wohnzimmer stand und herumbrüllte: „Ich will nicht sterben!"

Diese Situation und die folgenden Wochen waren mein Startschuss, zu lernen, mehr auf mich zu achten, in meine Heilung zu gehen. Natürlich bin ich immer noch gerne für meine Kinder und auch meine Kunden da, doch ich habe gelernt, mehr auf mich und meine Bedürfnisse zu achten. Während ich diese Zeilen schreibe, habe ich zahlreiche Aufträge, die ich eigentlich erledigen müsste. Doch ich habe mich entschieden, dieses Buch zu schreiben. Es ist mir wichtig, und mit jedem Wort, das ich schreibe, freue ich mich. Denn ich weiß, dass dieses Buch vielen Menschen eine Inspiration sein wird – und sei es eine noch so kleine. Mit diesem Wissen heile auch ich. Ich heile mein langjähriges „Nicht-Schreiben-Können-Trauma", das ich mir selbst eingeredet hatte, bis es meine Wahrheit war.

Welche vermeintlichen Wahrheiten redest du dir täglich ein? Vielleicht die „Wahrheit", dass du kein Autor oder keine Autorin bist? Oder, dass du keine

Sportlerin bist? Nicht in deine Selbstständigkeit gehen kannst? Nicht weißt, wie du einen Partner finden kannst, der dich liebt? Nicht genug Geld hast, um die Welt zu bereisen?

Schau bei nächster Gelegenheit genau hin, welche Geschichten du dir erzählst. Hinterfrage, ob das, was du dir erzählst, wirklich wahr ist oder ob die Wahrheit nicht eher, wie bei einer Zwiebel, hinter zahllosen Schichten vergraben ist, die du nun loswerden musst, um zum Kern vorzudringen: Dem, wer und was du wirklich bist.

Mit jeder Zwiebelhaut, die du entfernst, heilst du. Mit jeder Zwiebelhaut kommst du mehr zu dir. Manchmal ist das Schälen schmerzhaft und dir kommen die Tränen. Lass sie laufen. Heile in dein bestes und genialstes Leben hinein. Jeden Tag ein Stückchen mehr. Weil dein Körper, dein Geist und deine Seele es wert sind. Weil DU es wert bist.

DU LERNST

Wann hast du bewusst das letzte Mal etwas gelernt? Hast dich hingesetzt, ein Buch intensiv gelesen (außer diesem), dir einen Online-Kurs angesehen oder bist zu einem Seminar gefahren? Wann hast du dich zum letzten Mal hingesetzt, hast dir Notizen zu einem Thema gemacht? Wann hast du das letzte Mal andächtig an den Lippen von jemandem gehangen, der dir neues Wissen in einer unwiderstehlichen Form vermittelt hat?

Vielleicht antwortest du jetzt irgendetwas wie: letzte Woche, letzten Monat, voriges Jahr oder gestern. Und das ist wunderbar.

Dabei benötigst du gar niemand anderen, um zu lernen. Denn du trägst einen Großteil des Wissens, das du brauchst, um dein Leben zu meistern, bereits in dir. Du kannst essen, trinken, schlafen, denken, vermutlich irgendwie kommunizieren und vor allem lieben. Eigentlich braucht es nicht mehr. Denn aus diesen Basisfähigkeiten, die wir alle in die Wiege gelegt bekommen haben, entsteht der gesamte Rest, den du brauchst,, um dein Leben so zu leben, wie du es dir wünschst.

Natürlich hole auch ich mir regelmäßig frischen, neuen Input von außen. Längst kann ich nicht alles, was ich gerne können möchte. Beispielsweise wollte ich immer schon Klavierspielen können. Doch der Wunsch, mein Bedürfnis danach, ist nicht groß genug, mich viele Stunden hinzusetzen und es zu lernen. In andere Dinge fuchse ich mich hinein. Ich schaue mir Videos an, lese viele Bücher (meist drei bis fünf an der Zahl gleichzeitig) oder unterhalte mich mit inspirierenden Menschen.

Und auch wenn diese ganzen Informationen von außen kommen, passiert das Lernen in dir. Ganz ohne, dass du etwas dafür tun musst. Das Einzige, was du brauchst, ist die Bereitschaft, zu lernen. Und dann lernst du.

Du lernst, so zu sein, wie du sein möchtest. Du lernst, so zu lieben, wie du geliebt werden möchtest. Du lernst, so zu kommunizieren, wie es dir entspricht. Mit jedem Atemzug lernst du mehr. Mit jedem Gedanken lernst du dazu. Nach dem Lesen dieser Zeilen bist du jemand anderes als vor dem Lesen dieser Zeilen. Du hast etwas gelernt. Und sei es nur, dass du dieses Buch vielleicht nicht mehr weiterlesen möchtest (was ich sehr schade fände) oder, dass du es unbedingt jemandem schenken möchtest (was ich natürlich ziemlich cool fände). Du lernst. Das kannst du gar nicht verhindern.

Öffne dem Lernen Tür und Tor. Sei offen für Neues. Ändere deinen Standpunkt, um neue Blickwinkel zu erhalten. Unterhalte dich mit anderen. Schau dir schräge Filme an (mein Favorit: „Birdman" – total crazy). Höre andere Musik als sonst. Lies einen Rosamunde Pilcher Roman oder einen Schwedenkrimi. Tu heute genau das Gegenteil von dem, was du sonst tust. Und achte auf dich. Denn vieles hast du schon gelernt oder weißt es intuitiv, wie beispielsweise, dass man jemanden mit einem Messer in der Hand besser nicht beleidigt. Und wenn du es trotzdem tust, dann lernst du etwas daraus.

Sei offen, neugierig, sei wie ein Kind. Hinterfrage, soviel du kannst und dich traust. Stell deine Welt auf den Kopf. Wer weiß, was du dabei über dich, die Welt und andere erfährst und lernst. Vielleicht ist das der Start in ein neues, anderes, noch besseres Leben.

Es gibt einen Spruch, der besagt, dass alles, was in der Natur nicht mehr wächst, stirbt.

Also lerne, was das Zeug hält. Zeit, um tot zu sein, hast du später noch genug.

DU FÜHLST

Du kannst nicht nicht fühlen. Du frierst, schwitzt, bist müde, gelangweilt oder gefrustet. Du freust dich, fühlst dich großartig, liebst das Leben und könntest die ganze Welt umarmen.

Nicht alle Gefühle sind extrem. Nicht alle Gefühle müssen immer nach außen gezeigt werden. Manche sind still und leise, so wie das innerliche Lächeln, das du hast, wenn du dein Lieblingsessen riechst, jemand an dir vorbeigeht, der nach deinem Lieblingsparfum riecht oder du deine Steuererklärung gemacht hast (obwohl, danach könnte ich immer drei Tage nonstop durchfeiern…).

Achte bitte einmal auf diesen Moment. Was fühlst du gerade? Ich sitze im Zug auf dem Rückweg von einem Aufenthalt in Sylt, wo ich angefangen habe, dieses Buch zu schreiben und zudem mit einer wunderbaren Dame an ihrem ersten Buch gearbeitet habe. Ich bin froh, dass ich wieder nach hause fahre und gleichzeitig bin ich ein bisschen traurig, dass ich wieder wegfahre vom Meer, das ich sehr liebe. Ich bin genervt von meinem schmerzenden Rücken, da ich schon so lange sitze und anderseits bin ich ganz glücklich über die Schreibzeit hier im Zug ohne nennenswerte Störungen. Ich hoffe, dass mein Auto noch heil im Parkhaus steht und habe aber keinen Bock, mein Gepäck gleich noch in die S-Bahn zu wuchten, um erstmal zu meinem Auto zu kommen. Ich sehe zum Fenster heraus. Gerade fahren wir durch eine Landschaft mit viel Grün. Das beruhigt mich sofort. Plötzlich schießt ein anderer Zug auf der Gegenfahrbahn vorbei und ich erschrecke mich. Außerdem muss ich auf Toilette, möchte aber meine Sachen nicht alleine lassen. Ich kann es kaum erwarten, aus dem Zug herauszukommen.

Eine ganz normale Alltagssituation. Mit ganz normalen Gefühlen.

Was fühlst du gerade? Bist du achtsam für den Moment? Für das, was du in diesem Moment fühlst?

Ist es das, was du fühlen möchtest? Falls nein, kannst du etwas an deiner Situation verändern? Kannst du mit jemandem sprechen, um dich anders zu fühlen? Möchtest du mit jemandem lieber nicht sprechen, um dich nicht anders zu fühlen? Brauchst du etwas, um dich gut zu fühlen? Und was bedeutet „gut" überhaupt? Ist es genug, nicht traurig zu sein, um sich gut zu fühlen? Oder kannst du dich sogar gut fühlen, obwohl du traurig bist?

Ich weiß, das klingt seltsam und ich möchte auf keinen Fall verleugnen oder schönreden, dass es Menschen gibt, die sich zu wenig selbst fühlen oder zu lange eine starke Traurigkeit fühlen. Sollte das bei dir der Fall sein, dann hole dir bitte Unterstützung. Und zwar sofort, nicht erst dann, wenn das schwarze Loch, das dich Tag für Tag mehr verschluckt, so tief geworden ist, dass du nicht mehr herausfindest. Sorge für dich.

Du bist verantwortlich für das, was du fühlst. Du bist verantwortlich dafür, wie du auf andere reagierst. Du entscheidest, ob du dich ärgerst, ob und wie lange du traurig bist oder ob du dich entscheidest, jemanden oder etwas zu hassen.

Deine Gefühle entscheiden über die Qualität deines Lebens. Nimmst du an, was ist? Nimmst du an, wie du fühlst? Oder kämpfst du dagegen an. Willst du unbedingt im Außen etwas ändern?

Starte mit dir. Fühle hinein, was du gerade brauchst. Welches Gefühl möchtest du fühlen? Was benötigst du dafür? Trau dich, das auszusprechen und auch auszuleben.

Gefühle wollen gefühlt werden. Jede Stunde, Minute und Sekunde unseres Lebens.

Kennst du das Lied: Die Gedanken sind frei? Wie wäre es mit: Die Gefühle sind frei? Niemand kann deine Freude, deine Trauer, deine Wut oder deine Liebe einsperren außer du selbst. Niemand außer du selbst kann diese Gefühle zeigen und herauslassen. Fühle, wie du bist. Fühl dich ganz DU.

DU HILFST

Ist dir eigentlich bewusst, welche großen Kräfte in dir wohnen? Du hast die Kraft, zu verletzen, nicht nur mit Taten, sondern auch mit Worten. Doch noch viel mehr hast du die Kraft, zu helfen.

Helfen kannst du auf unterschiedliche Weise. Entweder du packst mit an, wenn jemand dich braucht, indem du dein Wissen, deine Erfahrung oder ganz schlicht und ergreifend deine Muskelkraft zur Verfügung stellst. Oder du hilfst mit Inspirationen, Worten oder auch finanziell. Nichts davon ist besser oder schlechter, es ist nur anders. Manchmal wird ein Wort von dir benötigt, manchmal braucht es mehr. Eine Umarmung, ein Gespräch oder das Wertvollste, was du hast: deine Zeit.

Hilfst du gerne? Oder fühlst du dich leicht ausgenutzt? Achte darauf, deine Grenzen klar zu kommunizieren. Denn um zu helfen, um Beitrag für jemand anderen zu sein, darfst du in deiner vollen Kraft sein. Nur, wenn du etwas zu geben hast, kannst du auch geben. Nur dann ,wenn es dir gutgeht, kannst du andere dabei unterstützen, dass es auch ihnen gutgeht.

Deine Hilfe ist wertvoll – voller Wert. Also lass dich für Hilfe auch belohnen. Du gibst deine Energie, also darfst du zum Ausgleich auch Energie annehmen, und sei es „nur" ein Lächeln. Viel zu oft helfen wir und sagen schlicht und ergreifend, wenn sich jemand bei uns bedankt: „Dafür nicht." Doch wenn nicht dafür, wofür denn dann? Sei dir bewusst, dass du durch deine Zeit, dein offenes Ohr, dein Geld oder deine Muskelkraft eine andere Person auf ihrem Lebensweg unterstützt. Das ist auf jeden Fall einen Ausgleich wert. Wie dieser auszusehen hat, das entscheidet ihr gemeinsam – die Person, die du unterstützt und du.

Es ist wichtig, dass du dich um dich selbst kümmerst. Mir ist in den vergangenen Monaten aufgefallen, dass viele Menschen sehr viel reden, aber nicht mehr zuhören. Ich höre gerne zu, denn nur so lerne ich etwas Neues, doch ich habe bemerkt, dass mich das ständige Zuhören anstrengt. Denn auch das ist Hilfe. Ich höre zu – jemand anderes teilt sich mit. Ich bestätige, nicke, gebe Zuspruch – jemand anderes profitiert davon. Wenn dieses Zuhören und diese Unterstützung jedoch einseitig bleiben, dann gibt es ein Ungleichgewicht, dann passt die Energie nicht mehr, dann wird die Hilfe zur „Benutzung".

Und hilf zuallererst dir selbst? Sicher kennst du den Vergleich aus dem Flugzeug zu genüge. Wenn dort der Sauerstoff ausfällt, sollst du zuerst dir selbst helfen, indem du dir die Sauerstoffmaske überziehst. Erst dann hilfst du anderen. Im Alltag vergessen wir dieses Prinzip leider häufig. Die Familie, die Kinder, der Haushalt, die Kunden, das Business, der Job – all diese Menschen, unser Leben stellen stetig Anforderungen an uns. Wir helfen gerne, dort, wo wir können. Wir fühlen uns abends vielleicht sogar erfüllt, da alle möglichen Leute uns bestätigt haben, wie sehr sie uns brauchen, wie sehr wir ihnen geholfen haben, wie dankbar sie uns sind. Und das ist wundervoll – es ist ein schönes Gefühl, gebraucht zu werden. Doch zuallererst brauchst du dich selbst. In all deiner Kraft. Mit all deinen Aspekten. Also hilf dir selbst – und dann anderen.

Hilf dir dabei, dich selbst zu entdecken. Hilf dir dabei, dein Leben so zu gestalten, wie du es gerne hättest. Hilf dir dabei, die Beziehungen zu dir selbst und anderen so zu leben, wie du es möchtest. Hilf deinem Körper, sich so zu fühlen, wie es sich gut für dich anfühlt. Gestalte dein Umfeld so, wie du dich am besten darin entfalten kannst. Suche dir eine Beschäftigung, in der du zwar gebraucht, aber nicht ver-braucht wirst. Entwickle deine spirituelle Seite in einem Tempo und einer Intensität, wie es zu dir passt.

Wenn du unsicher bist, frag deine Seele, dein höheres Selbst oder einfach Gott, das Licht, das Universum – an was auch immer du glauben magst – was die nächsten Schritte sind. Du wirst eine Antwort bekommen. Vielleicht nicht sofort, doch bald. Achte auf die Zeichen. Die Antwort kann überall auf dich warten. In einem Lied, in einem Gedanken, in einer Begegnung.

Achte auf dich. Nur so bist du Hilfe und Unterstützung für andere: In deiner vollen Kraft. Mit Körper, Geist und Seele.

DU ERKENNST

Jemanden in seiner Gänze zu erkennen, ist wundervoll. Wir sind nicht nur der Körper, in dem wir hier auf der Erde wohnen. Nein, wir sind viel mehr als das.

Jetzt wird es ein bisschen spirituell, vielleicht magst du dich einfach einlassen und weiterlesen. Fühl hinein, was meine Worte in dir auslösen. Du wirst erkennen, ob sie zu dir passen, ob das, was ich nun schreibe, in dir resoniert.

Du bist mehr als nur dein Körper. Natürlich ist unser Körper das, was andere Menschen zuerst von uns wahrnehmen. Er ist präsent, sichtbar, mehr oder weniger groß, entspricht mehr oder weniger dem allgemeinen Schönheitsideal. Wir sind dick oder dünn, sportlich oder fluffig, blond, rothaarig oder dunkel. Manche Menschen haben viele Haare, andere nicht mehr ganz so viele (oder zumindest nicht an Stellen, wo die Öffentlichkeit sie sehen kann).

Und so haben wir wohl alle mit unserem sichtbaren Körper das ein oder andere Thema. Ich beispielsweise habe schon seit Teenagerzeiten mit meinem Gewicht zu kämpfen. Ja, das Wort Kampf wähle ich hier ganz bewusst, denn in Frieden bin ich nicht mit meiner Figur. Doch das steht auf einem anderen Blatt.

All das, die schiefe Nase, die krummen Beine, das wunderschöne Lächeln, die geraden Zähne, das wallende Haar oder die Behinderungen, die manche von uns mit sich tragen, ist nur im Außen. Es ist nur ein Teilaspekt von uns. Fleisch, Blut, Gewebe. Manifestationen eines Körpers auf dieser Erde.

Doch das ist nicht alles, was wir sind. Wir sind vielmehr auch das, was wir denken und der- oder diejenige, den oder die wir denken. Ja, du hast richtig gelesen und vielleicht hast du schon häufig von der Macht der Gedanken, von Manifestationen oder Affirmationen gelesen. Das, was du denkst, bist du.

Lass es mich ganz praktisch machen. Der Wecker klingelt, viel zu früh (zumindest für mich in den meisten Fällen). Nun habe ich die Wahl. Stehe ich auf, ärgere mich darüber, dass es draußen regnet, dass die Müllabfuhr mich geweckt hat, dass ich nicht gut geschlafen habe, dass der Wäscheberg immer noch herumliegt, dass die Hose kneift, dass die Haferflocken alle sind und dass ich mir den Tag wieder einmal vollgeballert habe mit Terminen?

Oder freue ich mich, dass ich auch an diesem Morgen, so wie an vielen anderen, wundervollen Morgen, meine Augen öffnen durfte, um einen neuen Tag mit all seinen Herausforderungen auf dieser Welt zu bestehen? Haferflocken hin- oder her. Ich habe genug zu essen und muss nicht hungern. Wäre das nicht vielmehr ein Gedanke, den es zu erkennen gilt?

Achte auf diene Gedanken. Denn sie bestimmen, wie du durch den Tag gehst. Viele von uns streben nach einem fernen Glück, nach dem Urlaub, der Rente, der Villa auf Mallorca, dem schicken Wagen, der Designertasche, der teuren Uhr. Wir warten darauf, dass dieses oder jenes passiert, um dann, ja dann, wenn dieses oder jenes eingetreten ist, endlich glücklich zu sein.

Dabei ist Glück nur ein flüchtiger Zustand. Jede Emotion hält nur einige wenige Sekunden an, dann ist sie schon wieder vorbei, so auch das Glück. Das heißt, im Grunde genommen sind wir permanent auf der Suche nach dem Glück und ist es da, ist es auch schon wieder weg. Ich denke außerdem, dass wir gar nicht permanent glücklich sein können, ich glaube, wir würden durchdrehen, wenn unser Hormonhaushalt ständig mit Glückshormonen überflutet wäre. Die Schaukel schwingt immer nach beiden Seiten. Mal gewinnen wir, mal verlieren wir. Mal haben wir Glück, mal läuft es nicht optimal. Die Kunst ist es doch, gedanklich zu erkennen, was wir aus jeder Situation machen können. Nehmen wir sie an, so, wie sie ist? Bewerten wir sie neutral? Der Regen ist nur Wasser, das auf die Erde fällt, nicht mehr und nicht weniger. Der Regen fällt nicht absichtlich, um dir das Picknick zu vermiesen. Die Sonne scheint nicht absichtlich, um dir einen Sonnenbrand zu bescheren. Der Schnee fällt nicht absichtlich, um dich morgens dein Auto freischaufeln zu lassen.

Deine Gedanken gestalten deinen Tag. Denk mal drüber nach.

Nun haben wir also Körper und Geist. Fehlt noch die Seele. Der dritte Teil unseres „Seins", für die wenigsten von uns greifbar. Ich habe mittlerweile meine eigene Interpretation für uns als Menschen gefunden. Ich denke, wir sind alle unsterbliche Seelen. Unsere Seelen sind rein, pur und leben ewig. Da das irgendwann einmal langweilig werden muss, suchen wir nach Möglichkeiten, neue Erfahrungen zu machen, auf Sternen, in Galaxien, in Bereichen, die mein menschlicher Verstand sich gar nicht vorstellen kann. Ich stelle mir manchmal vor, wie unsere Seele, bevor sie hier auf die Erde gekommen ist, irgendwo in der Seelen-Ursuppe erfahren hat, dass es die Erde gibt, vielleicht weil eine andere Seele ihr mitgeteilt hat (wie auch immer das funktioniert), dass es diese Möglichkeit gibt. Und dann denkt sich die Seele: „Wie krass! Da gibt es einen Planeten, auf dem man einen Körper bekommt. Der kann Schmerz empfinden. Was ist denn Schmerz? Und der kann fühlen. Liebe und Hass und Einsamkeit und Freude. Was ist das wohl alles? Hört sich spannend an. Ich probier das mal aus."

Das ist natürlich eine sehr romantische Vorstellung unserer Seele. Die Vorstellung, die ich mit meinem jetzigen Verstand eben entwickeln kann.

Wichtig ist, dass du erkennst, dass die drei Elemente Körper, Geist und Seele zusammengehören. Du kannst sie nicht trennen. Du darfst erkennen, dass sie eine Einheit bilden: DICH. Du darfst erkennen, dass sie alle einen Anteil daran haben, wie du dein Leben auf dieser Welt lebst. Kümmere dich um alle drei, so gut du eben kannst. Hadere nicht damit, wenn nicht immer alles perfekt läuft. Erkenne, dass deine Seele vielleicht genau das erleben möchte, was du gerade erlebst. Selbst dann, wenn das schlimme Dinge sind. Ich möchte hier nichts beschönigen und selbstverständlich möchte ich auch nicht, dass mir, meinen Lieben, ja auch dir, liebe Leserin oder lieber Leser, etwas Schlimmes passiert.

Doch ich denke, manches haben wir einfach nicht in der Hand. Entscheiden können wir allerdings, wie wir darauf reagieren. Wir entscheiden, welche Learnings wir in einer Situation erkennen. Wir entscheiden, wie wir unser Leben leben.

Ich finde, das Leben ist ein Geschenk. Wir sollen Freude haben, Spaß empfinden, entdecken, erleben, erkennen und LEBEN.

Kennst du den Film „Soul"? Schau ihn dir gerne einmal an, ich finde ihn großartig.

Und lebe dein Leben. Erkenne dich und lebe dich, mit all deinen Facetten.

DU LIEBST

„The love", wie die Minions sagen. Hach…

Erinnerst du dich noch daran, als du das erste Mal verliebt warst? Wie hat sich das angefühlt? Hattest du Schmetterlinge im Bauch? Oder eher Brechreiz? Konntest du nicht mehr schlafen, hast ständig auf das Foto des Objektes deiner Begierde geschaut, hast ihn oder sie angerufen und dann schnell wieder aufgelegt?

Ich bin Jahrgang 1975 und wir hatten damals, als es bei mir mit „The love" losging noch Telefone und eine begrenzte Auswahl an Partnermöglichkeiten. Es gab eben Schule, Sportverein oder Diskotheken und das, was dort zu finden war. Heute läuft es deutlich anders. Mehr Auswahl, mehr Möglichkeiten, mehr

Chancen, den oder die richtige nicht zu finden - doch darum geht es gar nicht.

Liebst du dich?

Eine etwas provokante Frage. Kannst du dazu aus vollem Herzen und aus voller Seele und ohne, dass dein Verstand dir ein verächtliches „Wen, dich?" dazwischen quatscht, „JA" sagen?

Ich konnte das viele Jahre nicht. Und auch heute gibt es Momente, da liebe ich mich nicht. Dann, wenn ich wieder einmal mein Sportprogramm nicht absolviert habe, unachtsam mit meinen Mitmenschen war, zuviel Junkfood gegessen habe und den Abend netflixend auf dem Sofa verbracht habe. Dann liebe ich mich nicht. Doch warum eigentlich nicht? Auch diese Aspekte gehören zu mir. Niemand ist perfekt – und solange du nicht niemand bist, gibt es auch gar keinen Grund, perfekt zu sein. Perfektion ist auf dieser Welt nicht vorgesehen. Menschen sind nicht perfekt. Wären wir alle perfekt, wären alle Schönheitschirurgen pleite (und könnten mir keine Kontaktanfragen mehr auf Instagram schicken - zwinker).

Ich arbeite daran, mich auch dann zu lieben, wenn ich unperfekt bin. Wenn ich menschlich war, wenn es nicht so läuft, wie ich mir das vorstelle. Das gelingt mir immer besser und immer öfter. Es wäre gelogen, wenn ich dir nun schreibe, dass ich mir jede Macke nachsehe, denn das stimmt einfach nicht. Und nichts nervt mich mehr (auch sehr unperfekt übrigens, dass ich mich nerven lasse) als Social-Media-Profile von vermeintlich Ach-so-perfekten-natürlich-total-erleuchteten Leuten, die immer milde lächeln, egal was ihnen passiert. Mag sein, dass es einige wenige Erleuchtete auf dieser Welt gibt, die über alle menschlichen Eigenheiten (die aus meiner Sicht einfach dazugehören, wir befinden uns nun mal in einer menschlichen Erfahrung) schon hinausgewachsen sind. Ich gehöre definitiv nicht dazu (und ich kenne auch niemanden, der das ist). Allerdings kenne ich auch die gegenwärtigen Gurus nicht, daher kann ich da nicht unbedingt mitreden – und, ich arbeite auch an mir. Mittlerweile bin ich deutlich gechillter als früher. Und mittlerweile werde ich auch deutlich wütender als früher, wenn es denn nötig ist. Denn, wie ein wunderbare Kundin von mir einmal sagte. „Wut ist der Durchfall der Seele". Also raus mit allem, was keine Miete zahlt!

Wichtig ist mir, dass du erkennst, dass du dich lieben darfst. Egal wie unperfekt du bist. Egal, ob du eine Top-Figur hast oder nicht. Egal, ob du manchmal Serien inhalierst und dazu Cola und Chips konsumierst. Egal ob du ab und zu unkorrekte Burger isst. Und egal, ob du manchmal menschlich wütend bist, genervt, deine Kinder anpflaumst und morgens in den Spiegel schaust und denkst: „Nicht du schon wieder."

Wenn du dich nicht liebst, kann auch niemand anders dich lieben. Du strahlst das aus, was du von dir denkst. Denkst du, dass du nicht liebenswert bist, dann ziehst du Menschen in dein Leben, die dir genau das widerspiegeln. Denkst du, dass du zu dick bist, wirst du jeden Blick eines Passanten entsprechend einsortieren. Denkst du, dass du genervt bist, bekommst du noch mehr Dinge, die dich nerven. Deine Gedanken senden Energien aus. Auf diese Energien reagiert dein Umfeld (nicht nur Menschen, sondern insbesondere auch Tiere, probiere das mal aus.) Dein Umfeld reagiert, du siehst, wie dein Umfeld reagiert und – Schwupps – ist all das, was du denkst, bestätigt. Blöde Sache…

Obwohl, so blöd ist das gar nicht. Denn wenn du dir dieser Tatsache bewusst bist, kannst du sie für dich nutzen!

Wenn du denkst, dass du liebenswert bist, dann…

Na, du ahnst, was passiert, oder?

Natürlich lassen sich manche Dinge nicht verändern. Wenn ich nun mal Kleidergröße 46 trage und denke, ich bin schlank und versuche, mich in die Jeans in 38 zu quetschen, wird das wohl nicht klappen. Doch wenn ich denke, dass ich trotzdem gut aussehe, werde ich das nach außen spiegeln. In meinem Verhalten und vermutlich auch in meinem Styling.

Und jetzt kommt es ganz verrückt: Wenn du etwas an deinem Leben ändern möchtest, dann fang bei dir an! Fange an, dir jeden Tag zu sagen, dass du dich liebst. Laut. In den Spiegel. Jedes Mal, wenn du daran vorbeikommst. Schreibe es auf, gerne auch auf die folgenden Seiten. Flüstere es. Male es auf dein Visionboard. Umarme dich selbst, pflege dich, gönn dir etwas Schönes. Sorge für dich. Tu das mit dir und für dich selbst, was du auch für einen anderen Menschen, den du liebst, tun würdest.

Liebe dich. Das ist der Anfang einer lebenslangen Liebesbeziehung, die dir niemand wegnehmen kann.

Und wenn du dich liebst, dann schütte dein Liebes-Füllhorn über andere aus. Das, was du aussendest, kehrt zu dir zurück. Vielleicht in anderer Form, doch es kommt zurück.

Liebe ist die Antwort. Oder was glaubst du, warum es so viele Liebeslieder gibt?

DU VERGIBST

Wie sehr machst du dich selbst noch verantwortlich für Dinge, die du in deiner Vergangenheit getan hast? Und wie sehr machst du andere Menschen dafür verantwortlich, was sie in ihrer Vergangenheit getan haben? Oder gar dir angetan haben?

Ich habe schon seit Jahren keinen Kontakt mehr zu meinem Vater. Es sind viele Dinge vorgefallen, die ich ihm lange Zeit nicht vergeben konnte. Ich habe an mir gezweifelt. Warum war es ihm nicht möglich, mich einfach so anzunehmen, wie ich bin? Was habe ich falsch gemacht? Wie hätte ich anders sein können? Hätte ich Dinge besser machen können? Anders? All diese Zweifel, dieses Hadern mit mir als Person hat mich viele Jahre an mir selbst zweifeln lassen. Daran, ob ich, so, wie ich bin, richtig bin.

Ob ich gut genug bin. Ob ich mich als Frau so leben darf, wie ich gedacht bin. Denn schließlich wollte mein Vater lieber einen Jungen. Also habe ich alles getan, um dieser gewünschte Junge zu sein, sogar das Garagendach mit Bitumen eingedeckt.

Hat mir all das etwas gebracht? Habe ich mir dadurch mehr Liebe meines Vaters „verdient"? Vermutlich nicht. Das, was es mir „gebracht" hat, war, dass ich mich verstellt habe, viel zu sehr angepasst und nicht für mich eingestanden bin – allerdings unbewusst, ich war noch ein Kind.

Nun könnte ich grollen und wütend sein – und, ich gestehe, das war ich auch viele Jahre. Zwar hatte ich durch den Kontaktabbruch etwas Frieden in mein Leben gebracht, doch unbewusst schwelte das ungeklärte Verhältnis doch in mir weiter. Bis zu dem Tag, an dem ich ein Aufstellungsseminar besuchte und das Verhältnis zu meinem Vater zum Thema wurde. Die Aufstellung war turbulent und ich kann auch nicht mehr genau sagen, was dort passiert ist, doch ich weiß, welches Gefühl ich danach hatte. Ein Gefühl der Vergebung.

Denn durch die Aufstellung ist mir bewusst geworden, dass mein Vater damals sein Bestes gegeben hat. Er konnte mir nicht mehr und auch nichts Anderes geben als das, was er mir gegeben hat. Er hatte sein Möglichstes getan. Mir wurde klar, dass auch er einige Päckchen in seinem Leben mitbekommen hatte, die er tragen musste und die dazu geführt hatten, dass er sich so verhielt, wie er sich verhielt.

Ich hatte die Möglichkeit erhalten, in einer Aufstellungsarbeit meinen Frieden zu schließen. Kontakt haben wir trotzdem nicht, doch ich weiß nun, dass alles gut ist, so wie es ist. Ich habe Frieden gefunden. Und Papa, falls du das hier lesen solltest: Du hast dein Bestes gegeben. Auf deine Weise. Dafür danke ich dir. Ohne dich wäre ich nicht auf dieser Welt. Ich vergebe mir und ich vergebe dir.

Auch du kannst vergeben. Denn was nützt dir das Ärgern, das Grollen, die Wut über Vergangenes? Sei es nun dir selbst gegenüber, weil du vielleicht in manchen Situationen nicht so perfekt gehandelt hast, wie du es gerne gehabt hättest oder sei es anderen gegenüber, die dich vielleicht nicht so behandelt haben, wie du es dir gewünscht hättest. All dieser

Groll, diese Wut, dieser Ärger bringen dir rein gar nichts.

Ja, ich weiß, das ist leicht dahingeschrieben. Denn manche Wunden sitzen tief und nicht immer ist es nur die Tatsache, dass du dich nicht „gut genug" gefühlt hast. Manchmal passieren schlimme Dinge, die uns von anderen nicht nur auf geistiger, sondern auch auf körperlicher Ebene zugefügt werden. Und unser Mensch-Sein möchte wütend sein. Wir möchten uns hinstellen, unseren Ärger in die Welt herausrufen, möchten uns ungerecht behandelt fühlen oder dafür sorgen, dass die Person, die uns etwas angetan hat, ihre gerechte Strafe erhält.

Sicherlich ist das auch in vielen Fällen gerechtfertigt. Doch wenn eine solche Strafe verhängt und verbüßt wurde, musst du vergeben.

Dir selbst, dass du dich so lange mit Wut, Ärger, Zweifeln und Hass beschäftigt hast, denn es war deine einzige Möglichkeit, mit der Situation umzugehen. Und anderen dafür, dass sie dir etwas angetan haben, was dich dazu geführt hat, dich so zu verhalten.

Ich glaube fest daran, dass wir alle auf dieser Welt sind, um zu lernen. Und auch, wenn ich mich mit der folgenden Äußerund weit aus dem Fenster lehne: Vielleicht haben wir in einem früheren Leben jemand anderem etwas Schlimmes angetan und sollten erfahren, wie es sich anfühlt, auf der anderen Seite zu sein. (Denke nochmal an unsere unsterbliche Seele) Vielleicht ist es in diesem Leben unsere Aufgabe, vergeben zu lernen. Möglicherweise sollen wir auch negative Gefühle erleben und mit ihnen umgehen, ohne daran zu zerbrechen.

Und vielleicht sollen wir uns vergeben. Jeden Tag. Du dir und ich mir. Wir uns.

Vergebung heilt. Dich und andere.

DU VERBINDEST

Verbindungen. Zu Menschen, zu Tieren, zur Natur, zu dir selbst. Verbindungen entstehen, bleiben, gehen. Verbindungen sind dauerhaft oder flatterhaft. Verbindungen sind schwer zu halten, leicht zu gewinnen, traurig, froh, seltsam, leicht oder bedrückend.

Verbunden sind wir alle. Jeden Tag. Mit uns selbst, unseren Gedanken, unserem Herzen, unserer Seele und anderen Seelen. Denn wir alle stammen aus einer Quelle, einer Quelle, die nicht trennt, nicht bewertet und nicht endet.

Trotzdem sind viele Menschen nicht verbunden, sondern getrennt. Sie fragen sich täglich, wie sie es schaffen können, mehr zu sich selbst zu finden, wieder in Verbindung zu ihrer Essenz zu kommen. Dann kommen Fragen auf, wie „Wer bin ich überhaupt? Was ist der Sinn meiner Existenz? Was macht mich als Menschen aus? Weshalb bin ich auf dieser Erde?" Tausende von Coaches warten darauf, dass Menschen sich diese Fragen stellen. Denn dann sind sie zur Stelle, beraten, coachen, arbeiten am inneren Kind und tanzen ums Feuer. Bitte, versteh mich nicht falsch, das sind alles geniale Methoden, um sich selbst näher zu kommen und jede und jeder darf das entdecken, was zu ihr oder ihm passt.

Doch wie wäre es, wenn du – wenn auch nur für ein paar Minuten, während du dieses Kapitel liest, davon ausgehst, dass du immer und stetig verbunden bist? Und zwar mit dir selbst genauso wie mit einer unendlichen Quelle, die niemals aufhört, zu sein, genauso wie deine Verbindung zu ihr?

Und wie wäre es, wenn du entdeckst, dass du zu jedem Moment in der Lage bist, selbst zu verbinden? Dich selbst mit dieser Quelle, dich selbst mit deiner Weisheit, dich selbst mit der Natur, anderen Menschen, womit oder mit wem auch immer du dich verbinden möchtest?

Vielleicht fragst du dich gerade, was ich damit meine. Und daher bitte ich dich gleich, nachdem du die folgenden Sätze gelesen hast, dich bequem hinzusetzen, deine Augen zu schließen und dir vorzustellen, dass du Teil eines Großen, Ganzen bist. Du bist Teil dieser Welt, du bist Teil der Einheit, aus der wir alle kommen, du bist Teil verschiedenster Gemeinschaften. Vielleicht magst du einfach einmal an den letzten Moment denken, in dem du Verbundenheit gefühlt hast. Sei es, weil du gemeinsam mit jemandem gelacht oder geweint hast, sei es, weil der Wind über dein Haar gestrichen ist oder weil du in einem Konzert gesessen hast und gemeinsam mit vielen anderen Menschen der Musik gelauscht hast. Gerade, als ich diese Zeilen schreibe, sitze ich im Zug nachhause und auch hier bin ich Teil einer Gemeinschaft von Reisenden.

Als Menschen denken wir gerne, wir wären getrennt, alleine, einsam. Doch das stimmt nicht, denn wir sind immer verbunden. Alleine dein Körper ist eine Ansammlung und damit Verbundenheit von Abermillionen von Zellen. Mit jedem Atemzug, den du tätigst, trennst du dich von Zellen, während andere dazukommen. Isst du etwas, schaffst du eine Verbindung zwischen der Nahrung und dir selbst. Atmest du ein, verbindest du Sauerstoff mit deinem Blut und damit deinen Zellen. Siehst du dir einen Baum an, verbinden sich die elektrischen Lichtimpulse, die du vom Baum wahrnimmst, mit Impulsen in deinem Gehirn, der Baum wird energetisch ein Teil deiner Wahrnehmung.

Verbindung geschieht automatisch. Du kannst sie gar nicht verhindern, wenn du lebst. Und selbst, wenn du irgendwann nicht mehr in deinem irdischen Körper weilst, bist du nicht getrennt. Denn deine Erfahrungen, deine Verbindungen, sind nun Teil der Einheit.

Du verbindest also – jede Sekunde deines Seins. Und – probiere doch gerne heute einmal den schnellsten Weg aus, um Verbindung zu schaffen: Lächle jemanden an. Denn ein Lächeln ist immer noch die schnellste Verbindung zwischen zwei Menschen.

DU VIBRIERST

Alles in dir ist Vibration. Jede deiner Zellen vibriert voller Leben. 24 Stunden am Tag, 7 Tage die Woche. Ohne Pause. Dein Herz schlägt ohne Unterlass, um dich am Leben zu erhalten. Du atmest ein, du atmest aus. Leben strömt durch deine Lungen. Blut pulsiert in deinen Adern. Nährstoffe bahnen sich ihren Weg. Alles prickelt, alles fließt, alles bewegt sich. Das Leben ist in dir!

Ist das nicht großartig?

Doch nicht nur dein Körper, auch dein Geist und deine Seele vibrieren.

Jeden Moment deines Lebens denkst du unzählige Gedanken! Chemische Botenstoffe transportieren

Nervenzellen von einer Ecke deines Gehirns in eine andere. Neuronen feuern, Gedanken entstehen, verweilen und vergehen. Neue Ideen kommen aus dem Nichts. Gedanken blitzen auf und sind genauso schnell wieder verschwunden. Hast du dir schon einmal Gedanken darüber gemacht, woher deine Gedanken überhaupt kommen? Ich wurde dies vor einigen Jahren auf einem Seminar gefragt und mir gefällt folgendes Bild:

Alle Gedanken sind im großen Gedankenfluss enthalten. Dort fließen sie ruhig und träge vor sich hin und sind bereit. Mein Geist schöpft aus diesem immerwährenden Gedankenfluss genau die Gedanken, die gerade zu mir passen. Bin ich gut gelaunt, schöpft er viele positive Gedanken. Ist mir elend, schöpft er eher negative und traurige Gedanken. Dem Gedankenfluss ist egal, was du aus ihm schöpfst. Du enscheidest, welche Gedanken du schöpfst und auch, wie lange du sie behältst, bevor du sie wieder ziehen lässt. Du bist quasi ein Gedankentransformator mit deinem vibrierenden Sein. Wenn du einen Gedanken gedacht hast, ist er frei.

Kennst du das Lied?

„Die Gedanken sind frei. Wer kann sie erraten. Sie fliegen vorbei, wie nächtliche Schatten. Kein Mensch kann sie wissen, kein Jäger erschiessen. Es bleibet dabei -die Gedanken sind frei."

Stellst du deine Vibration, dein Sein, auf positive Gedanken ein, dann wirst du auch immer weiter positive Gedanken in dein Leben ziehen. Und das, was du denkst, wird zu deinen Handlungen und deiner Realität.

Dann vibrierst du positiv. Und je positiver du vibrierst, umso mehr positive Dinge ziehst du im Außen an. Denn deine Vibration ist Energie, die auf Energie im Außen trifft. Probier es einmal aus und lächle heute fremde Menschen auf der Straße an. Die meisten werden reagieren, sie werden gemeinsam positiv vibrieren. Und je mehr Menschen positiv vibrieren, umso positiver wird unser Leben und unsere Welt.

Auch deine Seele vibriert. Denn du hast eine Aufgabe auf dieser Welt. Deine Aufgabe ist es, zu leben, das Leben mit all seinen Facetten aufzunehmen, es durchzuvibrieren bis in jede deiner Zellen. Positives genauso wie Negatives. Junges wie Altes. Altes wie Neues. Großes wie Kleines. Gutes wie Schlechtes.

Je mehr du erkennst, was du diesem Leben zu geben hast, umso mehr wirst du so vibrieren, wie deine Seele es sich wünscht und desto mehr werden dein Körper und dein Geist sich darauf abstimmen.

Schau in deinen Alltag. Was vibriert für dich? Liebst du es, für andere zu sorgen? Kochst du gerne? Führst du ein Unternehmen und unterstützt damit andere Menschen? Verdienst du gerne Geld, um dir und anderen damit etwas Gutes zu tun? Magst du Luxus oder Rucksackreisen? Fährst du gerne ein schickes Auto oder lieber mit dem Fahrrad? Wanderst du gerne? Hast du gerne ein schön eingerichtetes Zuhause oder reicht dir ein Zelt? Berge oder Meer?

Alles, was in dir und für dich vibriert, ist richtig.

Leider haben wir verlernt, auf unsere Vibrationen zu achten. Zu sehr sind unsere Tage gefüllt mit Dingen, die nicht vibrieren. Mails, Telefonate, Hausarbeit, Geld verdienen, weil es sein muss, die Kinder durch die Gegend fahren.

Frage dich bitte ehrlich: Was von diesen Dingen MUSST du wirklich tun? Oder kann jemand anderes, der dafür vibriert, sie für dich tun?

Du vibrierst am schönsten, wenn du das tust, was dir Freude macht. Natürlich können wir nicht alle Aufgaben auf dieser Erde, die wir erledigen müssen, einfach auf die Seite schieben und nur noch unseren Vibrationen folgen. Die Steuererklärung muss eben erledigt werden. Doch wir können entscheiden, wie wir damit umgehen, dass wir eben auch ungeliebte Dinge erledigen müssen. Wenn wir mit schwerem Geist und Körper an diese Dinge herangehen, dann wird es schwer. Wenn wir sie jedoch mit Freude angehen und versuchen, im Moment zu sein und diesen zu genießen, egal wie ätzend uns die Aufgabe erscheint, dann schaffen wir zumindest eine Mini-Vibration. Und wenn du es während des Prozesses nicht schaffst, dann denke daran, wie es sein wird, wenn du damit fertig bist.

Ich beispielsweise bin kein Freund davon, zu bügeln. Doch ab und an lässt es sich nicht vermeiden. Dann überlege ich, wie ich dem Bügelprozess etwas Freude abgewinnen kann. Ich mache mir flotte Musik an, stelle mein Bügelbrett, sofern es die Witterung zulässt, nach draußen und denke an den Moment, wenn der Korb leer ist.

Das vibriert. Aber sowas von.

Wie kannst du deinen Tag heute freudig vibrieren lassen?

DU ERSCHAFFST

Worte erschaffen. Gedanken erschaffen. Hände erschaffen. Und mittlerweile geht das Erschaffen gefühlt irgendwie schneller als vorher. KI macht es möglich, dass selbst Menschen, die eigentlich zu blöd zum Erschaffen sind, Dinge erschaffen, die anderen Menschen weiterhelfen. Oder auch nicht.

Wir erschaffen heute kaum noch Dinge mit unseren Händen. Wir sitzen tagein, tagaus vor dem Rechner und denken uns das Hirn aus der Birne. Dafür sind wir Menschen nicht gemacht. Wir brauchen die Hände im Dreck, die Füße auf dem Boden, den Wind in den Haaren, das Salz auf der Haut. Die Berührung mit anderen Menschen und den Elementen.

Wenn du in die Welt gehst, berührst du die Welt und veränderst sie. Dazu fällt mir ein Chuck-Norris-Witz ein: „Wenn Chuck Norris ins Wasser geht, wird er nicht nass. Das Wasser wird Chuck Norris."

Du erschaffst also. Permanent. Durch deine Gedanken, deine Bewegung auf dieser Welt. Die Welt ist nach deiner Berührung nicht mehr dieselbe, die sie vorher war. Welchen Fußabdruck hinterlässt du? Welchen Gedankenabdruck möchtest du weitergeben? Welchen Wortabdruck trägst du nach Außen? Sei kreativ. Sei ein Kreateur. Erschaffe, was das Zeug hält. Mit Worten. Und mit deinen Händen. Das, was du heute pflanzst, sei es in die Köpfe oder Herzen der Menschen oder in den Boden, das wächst und gedeiht.

DU ERREICHST

Nicht immer muss alles eine Absicht haben. Nicht immer musst du im Hustle-Modus sein, Geld verdienen, Arbeit wegschaffen, den Haushalt machen, für deine Familie sorgen, dich entwickeln und verbessern.

Manchmal reicht es auch, einfach nur zu sein, um etwas zu erreichen.

Als ich diese Zeilen schreibe, gibt es große Umbrüche in meinem Leben. Zumindest kommen sie mir groß vor. Das Interessante ist, dass ich diese Umbrüche gar nicht richtig greifen kann. Ich fühle, dass sich etwas ändern darf, muss, soll. Doch was genau sich ändern soll, das ist mir nicht klar. Ich bin glücklich, entdecke mich täglich neu und entwickle mich weiter. Doch trotzdem – irgendetwas ist da, das mich nicht ganz und gar zufrieden sein lässt. Immerzu finde ich mich vor dem Rechner wieder. Immerzu möchte ich neues ausprobieren, die Welt inspirieren, Menschen bewegen. Doch mir scheint, dass mir die Social-Media-Algorithmen einen Strich durch die Rechnung machen. Manchmal gibt es Tage, da habe ich mein gesamtes Herzblut in einen Post gesteckt und muss dann nach einigen Stunden erkennen, dass ich irgendein Wort benutzt habe, dass Facebook & Co nicht gefällt, weshalb mein Beitrag nicht ausgespielt wird. Das ärgert mich, es frustet mich. Oder ich habe eine neue Idee für ein Angebot, das einen Bedarf angehender Autorinnen und Autoren decken würde. Ich platziere das Angebot in meinem Newsletter oder auf Social Media und es passiert – genau nichts.

Da balle ich die Faust in der Tasche. Und obwohl mir bewusst ist, dass wir alle hier auf Erden weltliche Erfahrungen machen, dass wir lernen, erkennen, sein dürfen, frage ich mich dann, warum ich mich überhaupt zeige, poste, Angebote entwickle und mich immer wieder über meine Komfortzone hinaustraue.

Doch dann kommen Tage, an denen fahre ich die Ernte für all das Posten, Zeigen und Vorangehen ein. Dann kommen Menschen auf mich zu, möchten auf einmal mein Angebot von vor sechs Wochen buchen, wünschen sich meine Begleitung für ihr Buchprojekt oder erzählen mir, dass sie täglich meine Posts sehen und sie sehr inspirierend finden.

Das sind die Tage, die mich weitermachen lassen. Denn ich erkenne, dass ich Menschen erreiche, auch wenn ich dieses nicht immer sofort widergespiegelt bekomme. Manchmal erhalte ich auch Feedbacks von Menschen, mit denen ich zusammengearbeitet habe oder die mich vor einigen Wochen oder gar Monaten auf einer Veranstaltung oder bei einem Vortrag gesehen haben. Sie erzählen mir dann, dass ich sie inspiriert habe, dass sie nun soweit sind und ihr Wissen in die Welt tragen wollen.

Oftmals gehen Dinge nicht so schnell, wie wir sie gerne hätten. Manchmal dauert alles viel zu lang. Wir wollen hinschmeißen, uns in unser Schneckenhaus zurückziehen, die Komfortzone verkleinern und uns gemütlich in ihr suhlen. Wir fragen uns, wofür wir vorangehen, wofür wir uns die Mühe machen, uns zu zeigen und jeden Tag unser Bestes zu geben.

Falls du auch manchmal diese Gedanken in die trägst, dann halte durch. Gib nicht auf! Auch du erreichst Menschen. Auch du erreichst manche Dinge, die dir vormals unerreichbar erschienen. Denke einmal zurück an die Zeit vor einem oder auch zehn Jahren. Wo warst du damals? Wer warst du damals? Wen oder was hast du seitdem erreicht?

Wenn du wieder einmal zweifelst, so wie ich das auch regelmäßig tue, dann mach dir eine Liste von den Menschen, deren Leben du verändert oder berührt hast. Mach dir eine Liste über all das, was du erreicht hast. Schreibe auf, welche wundervollen Ereignisse in deinem Leben oder dem Leben anderer stattgefunden haben, weil du nicht aufgegeben hast. Weil du deine Wahrheit gesprochen hast, hinausgegangen bist und weitergemacht hast, auch wenn du manchmal dachtest, du erreichst keinen Menschen.

Doch lerne auch, loszulassen. Immer nur im Hustle-Modus zu sein, blockiert dein Erreichbar-Sein für neue Ideen, Kreativität und Wunder.

Du erreichst. Menschen. Seelen. Herzen. Und Menschen, Seelen, Herzen und Wunder erreichen dich.

Lass sie zu. Absichtslos. Nur, weil du es kannst.

DU HÖRST

Hast du auch den Eindruck, dass kaum jemand mehr richtig zuhört? Und ich meine damit nicht das häufig herangezogene „aktive Zuhören", bei dem du dich deinem Gegenüber zuwendest, öfter zustimmende Laute wie „mmh, aha, achso" murmelst und nicht sofort antwortest, sondern dann, wenn dein Gegenüber eine Pause macht, erst einmal wartest. Nein, ich meine das Zuhören zwischen den Zeilen. Das Zuhören um der Person willen, die dir gegenübersitzt. Zuhören, um dieser Person zu zeigen, dass sie dir wichtig ist. Und dieses Zuhören hat nichts damit zu tun, dass du selbst nichts sagst, nein, es hat eher damit zu tun, dass du die andere Person wahrnimmst, und zwar nicht nur über deinen auditiven Kanal (deine Ohren), sondern mit deinem ganzen Sein. Es geht darum, zu spüren, was dieser Mensch gerade von dir braucht. Sei es ein offenes Ohr, ohne dass du viel sagst oder einen Hinweis, Zuspruch, Verständnis oder vielleicht auch eine kritische Betrachtung des Gesagten.

Mir scheint, das haben viele Menschen verlernt. Denn es geht nicht nur um das Hören, Hinhören, Zuhören, ein Gespräch, es geht darum, dass wir uns mit unserem Gegenüber verbinden, sodass es gar kein Gegenüber mehr ist, sondern vielmehr ein Teil des großen Ganzen, das gerade Hingabe benötigt. Denn das ist gutes Zuhören: Hingabe. Es ist das Eintauchen in die Welt der anderen Person, das Hintenanstellen der eigenen Meinungen und Geschichten. Ich schreibe bewusst nicht das „Aufgeben" der eigenen Meinung, denn das ist aus meiner Sicht für die meisten Menschen gar nicht möglich und es ist auch nicht nötig. Das, was du als Zuhörer oder Hin-Hörer mitbringst, ist wertvoll. Deine Meinung, deine Ansichten, diene Lebenserfahrung ist wertvoll. Und wenn die andere Person davon profitieren möchte, wenn du bereist bist, sie teilhaben zu lassen an dem, was du zu geben hast, dann erfordert dies ein Gespräch häufig mehr als nur das Zuhören. Doch um dieses Gespräch in Gang zu bringen, darfst du lernen, dich einzulassen.

Nicht nur mit den Ohren, sondern mit allem, was zu dir gehört. Es ist nicht nur hören, es ist verstehen, es ist aufnehmen, es ist annehmen, es ist verarbeiten und es ist sicherlich auch sprechen.

Kommunikation bedeutet nicht einseitiges Schweigen. Kommunikation ist das, was uns weiterbringt. Dein Hören ist wertvoll. Dein Sprechen ist wertvoll.

Ich möchte dir hier gar nicht tausend Tipps geben, wie du besser Zuhören kannst, darüber gibt es zahlreiche Bücher. Ich möchte dich einladen, dich einzulassen. Höre hin. Sei geistig anwesend. Nimm wahr. Entdecke, erkenne und lerne.

Und dann nutze die Magie und Macht deiner Worte, um zu antworten. Nutze die Magie und Macht deines Seins, um zu umarmen, zu erkennen, ohne zu bewerten. Sei Beitrag für die Person, die sich dir anvertraut. Schenke ihr deine Zeit und Energie. Das kann still geschehen, mit Gesten, Worten. Es funktioniert sowohl in der Nähe als auch in der Distanz. Hebe für einen Moment die Trennung dieser Welt auf. Sei eins mit dieser Person, selbst wenn du sie gar nicht kennst.

ICH WÜNSCHE DIR

Zum Abschluss dieses Buches wünsche ich dir nichts. Denn alles, was du brauchst, was du sein sollst, trägst du bereits in dir. Es gilt nur, dies zu entdecken.

Worte können dich dabei unterstützen, jeden Tag, jede Minute und jede Sekunde deines Lebens mehr zu der Person zu werden, die bereits in dir steckt.

Wie oft schon hat das Leben uns mit Schlamm beworfen. Wenn wir diesem Schlamm gestatten, auf uns zu trocken, werden wir unbeweglich und starr. Wenn wir uns aber erlauben, zu weinen, zu trauern, zu klären und den Schlamm damit abzuwaschen, dann nimmt dieser alte Dreck mit auf seinem Weg in die Kanalisation. Nichts von dem, was im Außen geschieht, kann dich zerstören. Nicht von dem, was von Außen auf dich einwirkt, kann dich kleiner als das machen, was du wirklich bist: Eine unsterbliche Seele auf einer menschlichen Erfahrungsreise.

Entdecke dich. Entdecke das, was du bist. Entdecke, wer du bist. Entdecke, warum du bist. Trau dich, dein unfassbar wundervolles, zauberhaftes und grandioses Leben so zu leben, wie du es möchtest. Mit Gefühlen, Gedanken, Worten und Taten.

Jedes Wort zählt. Jedes Wort, das du in die Welt trägst, beinhaltet ein klein wenig deiner Energie. Und genauso, wie ein Schmetterlingsflügelschlag irgendwo auf der Welt für einen Tornado oder Sonnenschein sorgen kann, genauso können deine Worte Menschen berühren, bewegen und die Welt ein Stück verändern. Also wähle deine Worte weise. Sage nichts, wenn es nichts zu sagen gibt. Doch sprich, wenn du sprechen möchtest – mit dem Mund, dem Herzen und vor allem deiner Seele.

Sei wunschlos sprachlos. Sei wunschlos sprechend. Sei wunschlos fühlend. Sei wunschlos, weil du wunschlos sein kannst.

WORTBALSAM

Trag deine Worte in die Welt, denn sie sind es wert, gesprochen und gehört zu werden.

Danke.

Deine Mirjam